Plantes annuelles et bisannuelles

Plantes annuelles et bisannuelles
est une publication de Sélection du Reader's Digest

Responsable éditoriale : Anne Grégoire
Directeur artistique : Didier Pavois
Lecture-correction : Béatrice Argentier
Iconographie : Danielle Burnichon

Nous remercions également
Réalisation : Copyright
Conception graphique : Marina Delranc
Consultant : Michel Viard
Coordination éditoriale : Gracieuse Licari et Jennyfer Bendavid
Mise en pages : Géraldine Lepoivre
Photogravure : Frédéric Bar
Prépresse : Damien Noirot
Fabrication : Laetitia Monfort

PREMIÈRE ÉDITION
Premier tirage

ISBN : 978-2-7098-2499-6

Achevé d'imprimer : février 2013
Dépôt légal en France : mars 2013
Dépôt légal en Belgique : D-2013-0621-50

Imprimé au Portugal par Printer Portuguesa
Printed in Portugal

Plantes annuelles et bisannuelles

Sommaire

Les clés de la réussite

Massif de plantes annuelles.

Des fleurs pour tous les jardins

On peut rapidement garnir un jardin en utilisant les plantes annuelles et bisannuelles. Elles fleurissent plus longtemps que beaucoup d'autres plantes et sont idéales pour remplir des vides dans les massifs.

Toute parcelle de terrain libre peut se transformer en chatoiement de couleurs en deux ou trois mois grâce aux fleurs annuelles issues de semis.

On cultive les plantes annuelles pour la décoration des massifs, mais aussi pour d'autres usages.

Les amateurs de bouquets ou ceux qui aiment retrouver les fleurs d'été en hiver cultiveront des « immortelles » comme les hélichrysums, statices, molucelles et acocliniums, sans oublier les graminées ornementales. Fleurs et graminées sèchent très bien et permettent de faire de beaux bouquets secs.

Les plantes annuelles grimpantes comme l'ipomée ou certaines capucines peuvent apporter les éléments verticaux dans un jardin bien conçu. Pour les jardinières, pots, bacs et suspensions, on trouve un bon choix de plantes annuelles et bisannuelles comme les agératums, les soucis, les pétunias, les giroflées, ainsi que la lobélie retombante.

Pour les coins un peu plus sauvages du jardin, on peut retenir les capucines, eschscholzias, myosotis, némophiles et soucis, qui se ressèment d'année en année. Il ne faut pas oublier des plantes faciles à cultiver telles que le réséda, les tabacs d'ornement, les giroflées et les pensées, qu'on apprécie pour leur parfum, et d'autres comme les alysses, clarkias et nigelles, qui attirent les insectes pollinisateurs (abeilles, papillons).

Associations d'annuelles (capucines 'Alaska' *Tropaeolum majus* et pavots de Californie *Eschscholzia californica*) et de vivaces (*Alchemille Alchemilla mollis*).

Les plantes annuelles

Les plantes annuelles sont des végétaux qui poussent, fleurissent, produisent des graines et meurent dans la même saison. Certaines espèces restent décoratives beaucoup plus longtemps que d'autres et sont d'un grand secours pour le jardinier amateur qui commence un nouveau jardin. On les utilise aussi pour former de belles taches de couleurs vives parmi les arbustes et les plantes vivaces.

Les plantes annuelles se cultivent aisément ; elles offrent un vaste éventail de couleurs et de hauteurs, depuis les espèces naines jusqu'aux grimpantes qui recouvrent rapidement barrières ou clôtures d'une brillante floraison (ipomées, capucines).

On peut classer les plantes annuelles en espèces rustiques ou semi-rustiques.

LES ANNUELLES RUSTIQUES

Les plantes annuelles rustiques sont celles qui supportent les températures encore froides du printemps et que l'on peut semer en place là où elles fleuriront. La plupart d'entre elles n'exigent pas un sol très riche. Clarkias, eschscholzias, godetias, cosmos, lavatères, soucis sont les plus faciles.

LES ANNUELLES SEMI-RUSTIQUES

Les plantes annuelles semi-rustiques ne pousseront pas si la température est trop froide. Aussi les graines et les jeunes plants exigent-ils une protection printanière.

Pour pouvoir profiter de la plus longue période de floraison possible, on les sèmera sous abri vitré en début d'année et on les repiquera lorsqu'elles seront bien développées, et après que les températures de l'air et du sol seront remontées.

Les pétunias, impatiens, géraniums, sauges, lobéliis, agératums, œillets et roses d'Inde, némésies et zinnias comptent parmi les plantes annuelles semi-rustiques les plus cultivées. Aujourd'hui, la solution la plus simple pour profiter de ces annuelles semi-rustiques est de les acheter en jeunes plants prêts à planter, encore verts ou déjà fleuris. Toutes les jardineries en proposent une large palette.

Giroflée 'Abricot' (*Erysimum x allionii*).

Les plantes bisannuelles

Les plantes bisannuelles sont assez voisines des annuelles : elles poussent une année, fleurissent l'année suivante et sont alors éliminées.

Les plantes bisannuelles qui assurent la continuité entre la floraison des plantes annuelles et celle des plantes vivaces comprennent les œillets de poète, les myosotis et les pâquerettes, les campanules à grosses fleurs et les giroflées. On les sème généralement en fin de printemps ou en début d'été, on les repique en pépinière, puis on les met en place à l'automne, en attendant la floraison l'année suivante. Pour qu'elles donnent le meilleur d'elles-mêmes, elles doivent déjà être bien enracinées avant l'arrivée des gelées.

Certaines bisannuelles, comme les digitales, ont un cycle de vie dépassant les 2 ans, elles se comportent alors comme des plantes vivaces éphémères. Leur durée de vie dépend surtout de la douceur du climat hivernal. Dans les régions atlantiques et méditerranéennes de nombreuses bisannuelles peuvent vivre plusieurs années. Malgré tout, à partir de la deuxième année, ces plantes deviennent de plus en plus chétives et leur floraison est de moins en moins abondante, il est alors préférable de les supprimer.

Arrosage de semis de pissenlit.

Semis et plantation

PRÉPARATION DU SOL

À l'automne, arracher les vieilles touffes, éventuellement à l'aide d'une fourche-bêche, faire un apport de 2 à 5 cm de tourbe enrichie, de fumier ou de compost à la surface du sol. Cela donne à un sol léger et sec la possibilité de retenir l'humidité ; cela aide un sol lourd à se désintégrer; enfin, cela apporte des matières nutritives essentielles à la terre.

Il est plus facile de retourner un sol frais. Si la terre est dure, l'arroser abondamment la veille. Si le sol est trop humide après la pluie, attendre pendant quelques jours qu'il se ressuie avant de bêcher.

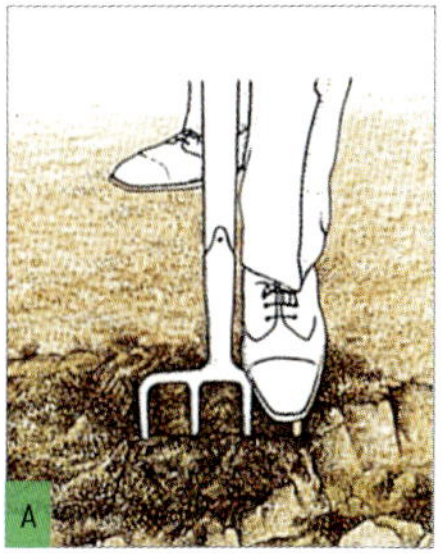

A Retourner terre et compost ensemble à la fourche-bêche, en laissant les grosses mottes, car, sous l'action des gelées d'hiver, elles vont se briser naturellement.

Au printemps, dès que la terre est assez sèche, bêcher une nouvelle fois pour retourner la couche superficielle sur 15 à 20 cm d'épaisseur (25 à 30 cm si l'hiver a été rude). Lors du bêchage, retirer tous les insectes, qu'on rencontre le plus souvent sous forme de larves comme les hépiales, les vers gris (gris ardoise, ressemblant à des chenilles), les vers blancs et les vers « fil de fer » (vers jaune-brun, très durs, montrant des segments transversaux sur le corps). Ces larves se nourrissent de racines de plantes.

Juste avant de semer, répandre un engrais complet à la dose indiquée par le fabricant, généralement 2 poignées au mètre carré. Griffer légèrement pour l'enfouir à 2 ou 3 cm sous la surface.

Enfin, ratisser la surface du sol pour obtenir une couche légère, bien émiettée et facile à travailler.

SEMER LES GRAINES

Avant de semer les graines, il est préférable d'établir un plan du massif pour associer les couleurs et les hauteurs des fleurs sans fausse note.

Les variétés les plus hautes seront placées au fond, ou au centre si le massif doit être vu de tous les côtés ; les plantes les plus basses seront au premier rang. Mieux vaut acheter ses graines que de les récolter soi-même, car, dans ce dernier cas, la qualité reste incertaine. Si on les commande par la poste, le faire le plus tôt possible pour être sûr d'obtenir satisfaction. On reçoit la plupart des catalogues en fin d'hiver. Suivant les espèces, la durée de vie de leurs semences varie de quelques jours à plusieurs années. Il est très important lors d'un achat de bien vérifier la date de péremption, qui doit être obligatoirement indiquée sur le sachet. Passé la date, il est possible que les graines puissent encore germer, surtout si le sachet n'a pas été ouvert et conservé au frais et au sec. Pour s'en assurer, il suffit de placer 10 graines sur de la ouate humide à une température entre 20 et 25 °C. Si au bout d'une semaine au moins la moitié des graines a germé, en semant plus serré, l'ensemble du sachet peut être encore utilisé.

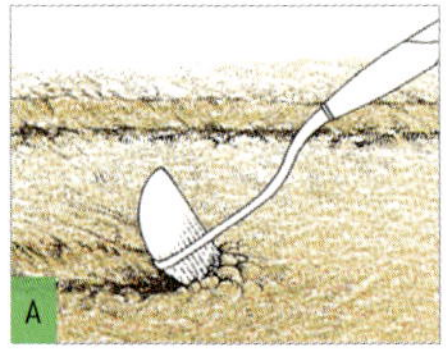

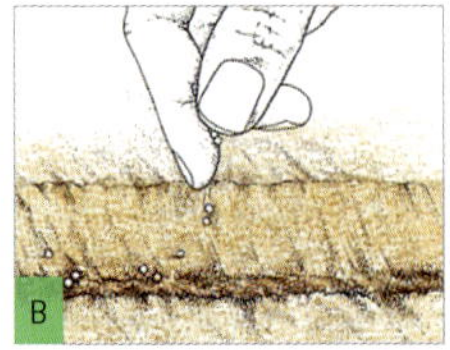

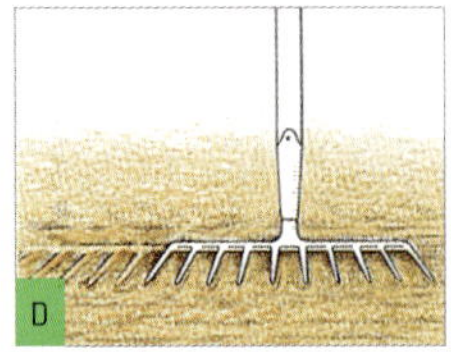

A Avec une binette ou avec les dents du râteau, former des sillons profonds de 0,5 à 1 cm.

B Semer très légèrement pour éviter d'avoir à éclaircir ultérieurement.

C Après le semis en sillons, recouvrir la tranchée en ramenant doucement la lame des dents du râteau le long de la terre soulevée lors de la formation de la ligne.

D On peut aussi ratisser délicatement le long du sillon. Il faut alors tasser le sol avec le côté plat de la binette ou du râteau, ou marcher avec précaution sur le sillon.

Les graines de plantes annuelles rustiques se sèment de mars à mai pour une floraison pendant l'été. Les plus rustiques peuvent se semer début septembre pour fleurir au printemps suivant (Midi, côte atlantique) ou en été (régions à climat doux). Si le sol est sec, l'arroser abondamment la veille. Si le sol est lourd, le bêcher d'abord sur 7 à 10 cm de profondeur en incorporant 1 seau de tourbe au mètre carré pour éviter le compactage de la terre. Avec une binette, délimiter les surfaces à semer selon le plan. On sème les graines en lignes, en sillons parallèles ou à la volée. Le semis en sillons présente deux avantages : il est plus facile de biner les mauvaises herbes entre des lignes régulières qu'au milieu de fleurs poussant au hasard de leur chute ; de plus, les graines sont toutes enfouies à une profondeur régulière.

Le semis se révèle plus facile si les emplacements sont délimités par du sable, qui marque nettement l'endroit prévu si l'on est interrompu dans ses semis, par la pluie par exemple.

La distance entre les sillons doit être déterminée en fonction de la taille future des plantes semées. En général, les sillons pour des plantes hautes et étroites seront espacés de la moitié de leur hauteur ; pour des plantes naines et touffues, ils s'espacent de la hauteur totale de la plante. Cette hauteur est indiquée sur le paquet de graines.

Après un semis à la volée, ratisser doucement les graines de façon à les recouvrir légèrement de terre. Par temps sec, arroser tous les emplacements ensemencés au jet ou à l'arrosoir muni d'une pomme fine, 2 jours après le semis, puis 1 semaine plus tard. Arroser copieusement pour être sûr que l'humidité a pénétré en profondeur.

Centaurée bleuet *(Centaurea cyanus)*.

Myosotis des bois 'Rosylva' (*Myosotis sylvatica*).

SEMIS SOUS ABRI

On sème les graines de fleurs annuelles semi-rustiques de février à début avril.
Si les terrines de semis ont déjà été utilisées, commencer par effectuer un nettoyage désinfectant dans une solution d'eau javellisée ; puis rincer les terrines.
Remplir les terrines ou les godets de 6 cm de diamètre de terreau, support de culture ou mélange terreux spécial pour semis.

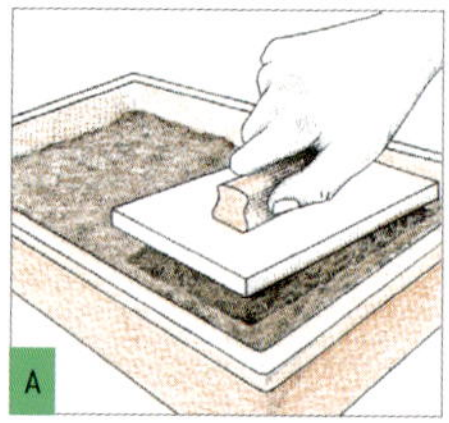

A Tasser le mélange avec la base d'un autre pot ou un morceau de bois plat de façon à laisser un rebord libre, de 1 à 2 cm de haut, qui facilitera grandement l'arrosage et évitera que l'eau ne déborde.

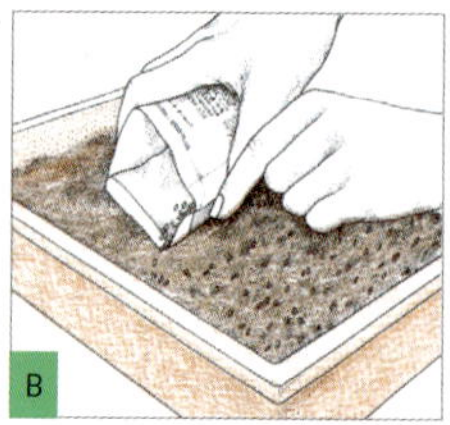

B Pour semer les graines à la surface du terreau, ouvrir le paquet en demi-entonnoir. D'une main, maintenir cette ouverture au-dessus de la terre et tapoter avec l'ongle de l'autre main pour faire tomber les graines en les espaçant avec régularité.

C Recouvrir les grosses graines d'une couche de 0,5 cm de compost tamisé (un gros tamis à farine est idéal) ; les petites graines sont à peine recouvertes ; les graines minuscules comme celles des bégonias ne doivent pas être recouvertes du tout.

On humidifie le pot ou la terrine en le maintenant jusqu'à mi-hauteur dans l'eau.
Les retirer lorsque le compost laisse apparaître l'humidité en surface.

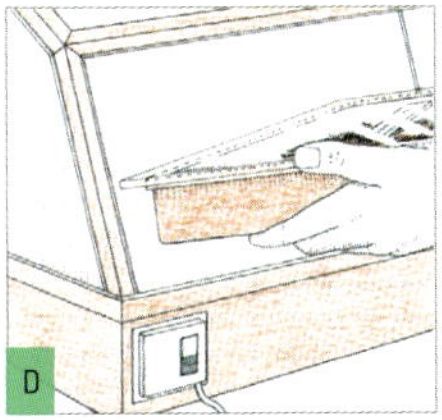

D Étiqueter les pots ; les recouvrir d'une vitre ou d'un sac de plastique et les placer dans un châssis chaud ou une couche de multiplication (miniserre chauffée), à une température de 12 à 18 °C.

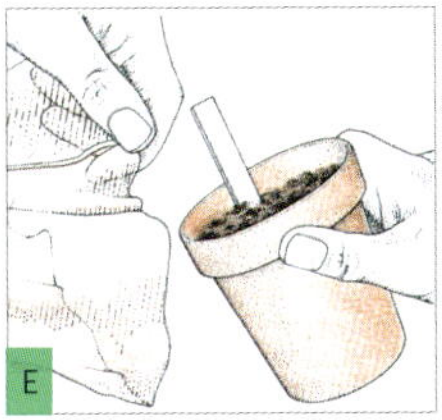

E À défaut d'abri vitré chauffé, enfermer chaque pot dans un sac de plastique replié par-dessous et maintenu par un élastique. Cela garde une atmosphère humide et avorise ainsi la germination.

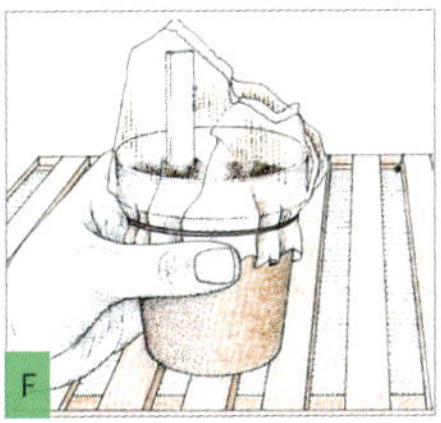

F Placer les pots ou terrines dans un endroit chaud et ombragé, comme une étagère ou un rebord de fenêtre chaud, face au nord.

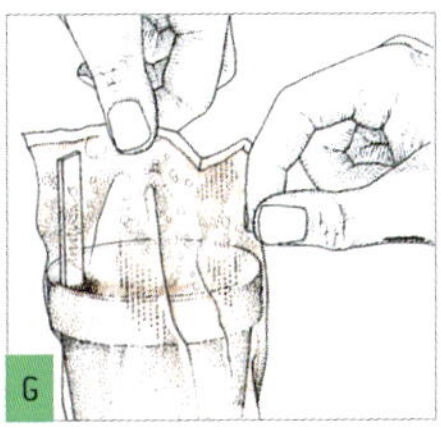

G Si l'on s'aperçoit qu'il y a formation d'humidité à l'intérieur du sac, la faire partir avec les doigts ou essuyer l'intérieur du plastique. Renouveler cette opération tous les jours, sinon les semis risqueraient de pourrir.

Zinnia 'Oklahoma' (*Zinnia elegans*).

La levée peut mettre de 3 ou 5 jours à 3 semaines. La plupart des graines forment d'abord une paire de petites feuilles cotylédonaires rondes ou ovales.

On peut alors retirer la protection et placer le pot en situation plus éclairée, soit à l'intérieur, soit en serre.

Dès que les premières vraies feuilles apparaissent, après les feuilles cotylédonaires, on peut les repiquer en caissettes.

REPIQUER LES JEUNES PLANTS

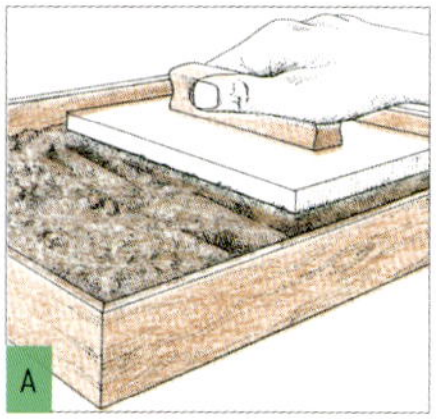

A Remplir une terrine de terreau humide et le brasser. Utiliser un support de culture commercial prévu pour les semis ou faire un mélange à base de tourbe.

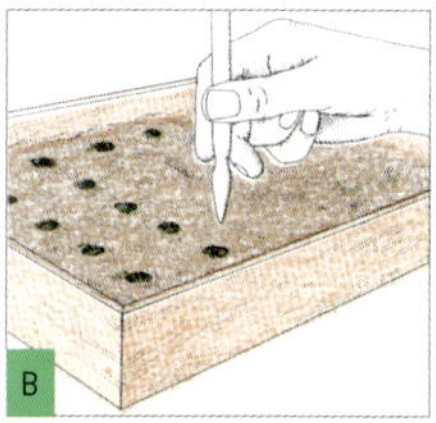

B Préparer avec un petit plantoir ou un crayon des trous de plantation, régulièrement espacés, profonds de 2 à 3 cm. Une terrine de semis (de 15 sur 30 cm environ) contient de 40 à 90 plantules.

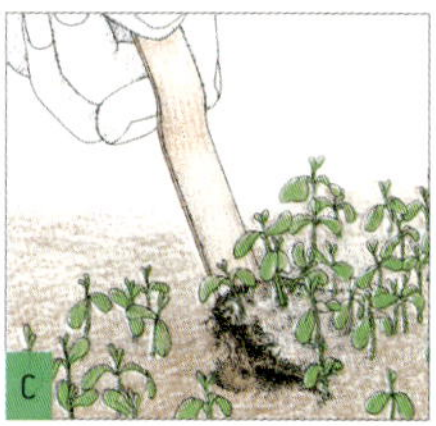

C Soulever délicatement un paquet de jeunes plants avec sa motte de compost à l'aide d'un « bâton-étiquette ».

D Tenir chaque plant par une feuille, jamais par la tige, qui peut s'abîmer très facilement. Avec un plantoir ou un crayon, le détacher délicatement des autres.

E En veillant à préserver au maximum le système radiculaire de chaque plant, l'enfoncer dans le trou de plantation, puis tasser le compost autour du plant, suffisamment pour que les plants ne se soulèvent pas si l'on tire doucement dessus.

F Étiqueter la terrine. Arroser à l'aide d'un arrosoir muni d'une pomme fine. Placer la terrine sous châssis froid, en serre ou sur le rebord d'une fenêtre, à l'abri des rayons directs du soleil.

ENDURCIR LES JEUNES PLANTS

Lorsque les jeunes plants sont bien démarrés et forment des pousses vigoureuses – environ 4 à 8 semaines après repiquage –, commencer à les endurcir. Faire passer les plants de la serre ou du rebord de fenêtre à un châssis froid non ombragé, sous cloche ou tunnel de plastique.

Si cette opération d'endurcissement est effectuée trop brutalement, il peut en résulter des pousses rabougries, un arrêt de croissance, des colorations rouges ou pourpres du plant entier. Si cela arrive, remettre les plants où ils étaient avant qu'on ait cherché à les endurcir. Attendre que des pousses redeviennent normalement vertes, puis les endurcir progressivement de la bonne manière.

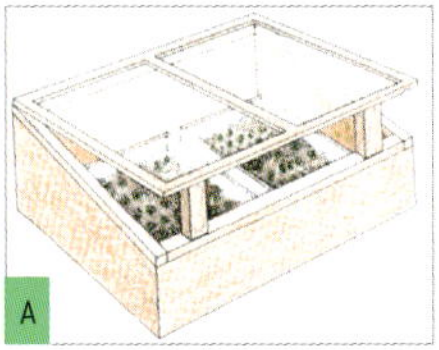

A Dans les premiers temps, ouvrir le châssis modérément, c'est-à-dire seulement quelques heures par jour. Augmenter l'aération progressivement. C'est au plus tôt au mois de mai que le châssis peut rester complètement ouvert.

PLANTATION

Une fois endurcies, les jeunes plantes annuelles seront mises en place courant mai, ou fin mai pour les régions les plus froides. Planter lorsque le sol est humide. Par temps sec, il faut arroser copieusement le sol la veille.
Préparer l'emplacement de la même manière que pour les plantes annuelles rustiques.

A Taper un côté de la caissette sur le sol pour décoller la terre du bord.

B Détacher le premier rang de plants, soit au transplantoir, soit en glissant les doigts sous le compost. Avec un bâton-étiquette ou le transplantoir, séparer chaque plant individuellement, en vérifiant qu'on lui laisse tout son système radiculaire. L'espacement correct entre les plants dépend des espèces. On les espace en général de la moitié de leur hauteur totale, sauf pour les plants à port rampant, qu'on espace de toute leur hauteur.

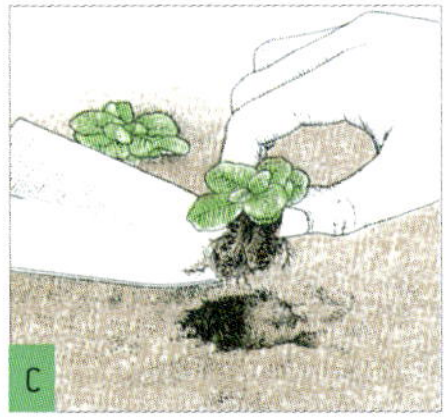

C Creuser au transplantoir un trou de plantation assez large et profond pour contenir tout le système radiculaire de la plante. Placer le plant de façon que sa tige soit de niveau avec la surface du sol. Remplir le trou et tasser le plant avec les doigts.

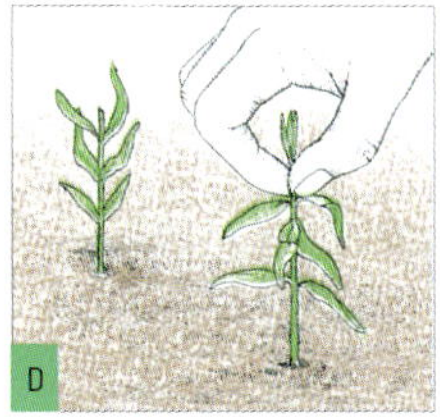

D Immédiatement après la plantation, pincer l'extrémité de la tige principale pour favoriser un développement bien trapu du plant, qui produira davantage de tiges et de fleurs.

Pensée (*Viola x wittrockiana*).

CULTIVER LES FLEURS BISANNUELLES

Les deux étapes

Les plantes bisannuelles accomplissent leur cycle de végétation sur 2 années. Elles donnent d'abord des feuilles et parfois des tiges pendant la première année, mais ne fleurissent que l'année suivante.

Généralement, on inclut parmi les plantes bisannuelles des espèces qui sont en fait vivaces, mais sont cultivées en bisannuelles, comme les giroflées, les primevères, les œillets de poète, les myosotis.

1. Au printemps

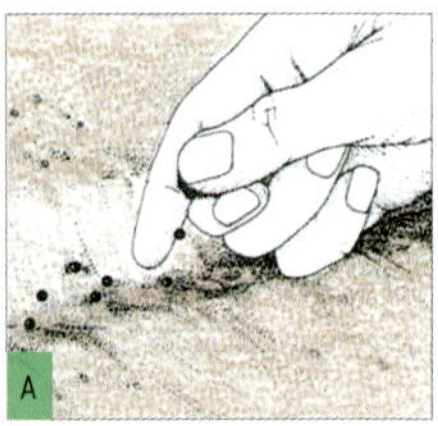

A On sème les graines entre mai et juillet. Prévoir l'emplacement de la pépinière dans un coin ensoleillé ou à mi-ombre.
Si le temps est sec, arroser les semis au jet très fin ou à l'arrosoir muni d'une pomme fine.

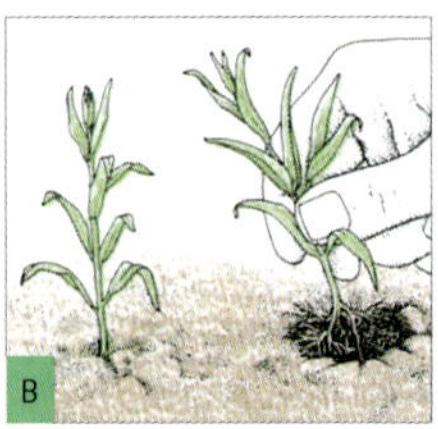

B Lorsque les plantes ont de 5 à 10 cm de haut, les repiquer pour les transplanter en pépinière à exposition ensoleillée ou mi-ombragée.

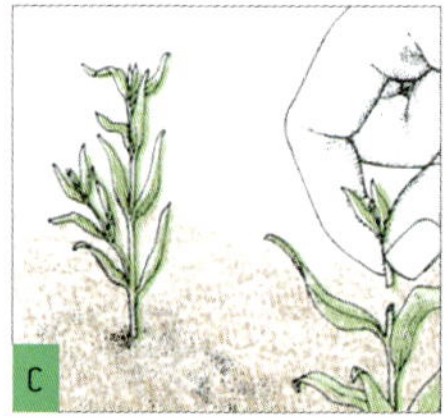

C Quelques semaines plus tard, pincer l'extrémité de chaque plante pour qu'elle s'étoffe.

2. À l'automne

D En octobre, mettre en place définitive, éventuellement avec les plantes à bulbes.

Avant la plantation, nettoyer le massif, bêcher la terre et y incorporer un fumier bien décomposé ou du compost mélangé à 2 poignées de poudre d'os ou 1 poignée de superphosphate.

Pour prélever les plantes bisannuelles de leur emplacement initial, les soulever avec une fourche en essayant de conserver autant de racines que possible ; arroser d'abord la terre pour lui permettre de se soulever ; cela diminue les dégâts sur les racines.

Après avoir soulevé les plantes, les mettre en place au plus vite, avant que les racines n'aient pu sécher. Tasser et arroser pour que la plante reparte bien.

Dans les régions froides, les plantes mises en place en pleine terre demandent une protec-

Rose trémière *(Alcea rosea)* et capucine des Canaries.

tion d'hiver ; placer des feuillages persistants légers tout autour pour les abriter du vent et du froid.

Certains plants sont abîmés par le froid de l'hiver. Il est donc sage d'en conserver quelques-uns en réserve : ils pourront être utilisés au printemps pour boucher les trous.

La plupart du temps, les plantes bisannuelles sont transplantées, mais on peut aussi les semer en place, puis les éclaircir pour leur permettre de pousser et de fleurir. Les traiter alors en été comme des plantes annuelles rustiques.

Lorsque les plantes bisannuelles ont fini de fleurir, elles montent en graines, celles-ci se détachent, tombent sur le sol ou sont emportées par les oiseaux, les insectes et le vent. Certaines espèces produisent énormément de graines ; le jardin risque alors d'être rapidement envahi. Il est très difficile de se débarrasser, par exemple, de la berce du Caucase, particulièrement prolifère si on la laisse monter en graines. Pour y remédier il faut supprimer les fleurs dès leur fanaison. Si l'on désire malgré tout récupérer des graines pour des plantations futures, il faut choisir quelques pieds et les laisser fructifier tout en les entourant d'un film plastique transparent afin d'empêcher les graines de s'échapper. Elles seront récupérées à la main et mises à sécher au soleil puis rangées dans des boîtes hermétiques.

Les plantes annuelles et bisannuelles de A à Z

Pavot de Californie (*Eschscholzia californica*).

Plantes annuelles rustiques

Acroclinium

Helipterum roseum
H 50 cm E 15 cm

Fleurs doubles ou semi-doubles portées par des tiges élancées. Bonne « immortelle » pour bouquet sec. Feuilles étroites, laineuses, presque blanches. Convient aux massifs et à la culture pour fleurs coupées et séchées.

- **Couleur des fleurs** Rouge, rose et blanc.
- **Période des semis** Avril, directement en place, éclaircir ensuite à 20 cm.
- **Exposition** Situation ensoleillée.Sol bien drainé.
- **Remarques** Réagit bien au séchage ; couper les plantes avant épanouissement complet et les suspendre par la tige dans un local aéré et frais. Cultiver en plante annuelle semi-rustique dans les régions les plus froides avec semis en mars-avril. Repiquage en pépinière, puis mise en place à la mi-mai.

Alysse

Lobularia maritima
H 7-10 cm E 30 cm

Petite plante qui pousse entre les dalles, dans la rocaille ou un muret fleuri. Les fleurs s'ouvrent sans arrêt tout au long de l'été.

- **Couleur des fleurs** 'Tapis de neige', blanc ; 'Rosy o Day', rose ; 'Violet Queen', violet.
- **Période des semis** Avr.-mai.
- **Exposition** Plein soleil. Sol ordinaire, bien drainé.
- **Remarques** Couper régulièrement les fleurs fanées avec des ciseaux.

Amarante queue-de-renard

Amaranthus caudatus
H 1-1,20 m E 50 cm

Plante appréciée pour ses longues grappes de fleurs rouge lie-de-vin retombantes. À l'automne, la tige vire au cramoisi également.

- **Couleur des fleurs** Cramoisi ; 'Viridis', vert pâle.
- **Période des semis** Mars-mai.
- **Exposition** Plein soleil. En toute bonne terre de jardin.
- **Remarques** Forme des touffes qui se remarquent au milieu d'espèces plus basses. Laisser les fleurs passées en place pour leur coloration. Tuteurage inutile.

Belle-de-jour

Convolvulus tricolor
H 25-50 cm E 15-20 cm

Plante assez étalée, aux fleurs en entonnoir qui s'ouvrent tôt le matin et se fanent l'après-midi. Se classe dans le genre *Ipomoea*, mais on la vend encore souvent sous le nom de *Convolvulus*.

- **Couleur des fleurs** Bleu ciel, bleu sombre, cramoisi.
- **Période des semis** Mars-avr. ou sept.
- **Exposition** Situation ensoleillée. En tous sols.
- **Remarques** Couper régulièrement les fleurs fanées pour favoriser la remontée. Les semis de septembre avec protection sous cloche donneront des plants plus forts et une floraison plus précoce.

Bleuet

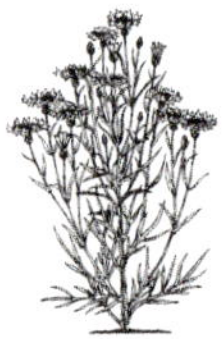

Centaurea cyanus
H 30-90 cm E 25-60 cm

Les fleurs, qui font penser à de grands pissenlits, roses, rouges, pourpres, bleues ou blanches, s'épanouissent de juin à septembre. Deux tailles : les grands (60-90 cm) et les nains (jusqu'à 30 cm).

- **Couleur des fleurs** 'Blue Boy', bleu ; 'Black Boy', violet ; 'Red Boy', rouge foncé ; 'Pinkie', rose ; 'Rosie', rose soutenu.
- **Période des semis** Avr.-mai.
- **Exposition** Tout sol fertile et bien drainé.
- **Remarques** Supprimer régulièrement les fleurs fanées pour aider à la formation de nouvelles fleurs. Les semis de septembre, protégés par des cloches, produiront de meilleurs plants et une floraison plus hâtive.

Capucine

Tropaeolum majus
H 0,15-2,50 m E 15-60 cm

Plante annuelle grimpante très cultivée qui peut atteindre 2,50 m. Longue floraison de fleurs vives en entonnoir éperonné.

- **Couleur des fleurs** 'Hybride de Lobb varié', en mélange de teintes ; 'Hybride de Lobb Spit Fire', écarlate ; 'Tom Pouce' variée naine.
- **Période des semis** Avr.-mai.
- **Exposition** Soleil ou mi-ombre. Sol sec et pauvre.
- **Remarques** Les variétés grimpantes sont utiles pour cacher rapidement des barrières ou des clôtures. Les naines conviennent aux jardinières. En sol pauvre, les fleurs se détachent mieux du feuillage.

Chrysanthème

Chrysanthemum carinatum, Chrysanthemum coronarium
H 25-60 cm E 25-30 cm

Les chrysanthèmes annuels produisent des plants touffus portant des fleurs ressemblant aux marguerites. Certaines fleurs montrent un « œil » circulaire de couleur contrastée. Excellentes plantes à massif aux couleurs brillantes.

- **Couleur des fleurs** Rouge, orange, rose, jaune et blanc.
- **Période des semis** Mars-avr.
- **Exposition** Soleil. Sol léger et bien drainé.
- **Remarques** Pincer les jeunes plants destinés à la fleur coupée pour favoriser le développement des ramifications latérales. Semer en automne pour une floraison de printemps ou de début d'été, sous serre froide, en repiquant individuellement les plants en godets.

Clarkia

Clarkia elegans, Clarkia pulchella
H 40-60 cm E 30 cm

Plante facile et très cultivée pour ses longs épis de fleurs. Convient bien aux massifs ou bordures. Elle fleurit à partir du début de l'été.

- **Couleur des fleurs** Rouge, rose, pourpre et blanc (blanc double et semi-double).
- **Période des semis** Mars-avr.
- **Exposition** Soleil. Sol léger ou moyen, plutôt acide.
- **Remarques** Éviter les apports d'engrais, qui développent le feuillage. Tuteurer avec quelques brindilles.

Clarkia pulchella.

Cléome

Cleome spinosa
H 0,60-1,20 m E 50 cm

Plante vigoureuse, presque arbustive, qui porte des fleurs parfumées de juillet à l'automne. Les fleurs ont des formes arachnéennes.

- **Couleur des fleurs** Rose doux.
- **Période des semis** Févr.-mars. 18 °C.
- **Exposition** Plein soleil. Terre riche et bien drainée.
- **Remarques** À semer en pleine terre, d'avril à mai, sauf dans les régions froides.

Coréopsis

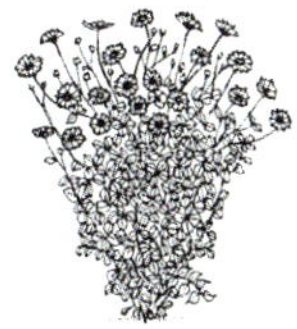

Coreopsis drummondii (Calliopsis)
H 60 cm E 30 cm

Plante à port buissonnant et fleurs rappelant la marguerite. Bonne fleur coupée.

- **Couleur des fleurs** Jaune ou cramoisi.
- **Période des semis** Mars-juin.
- **Exposition** Soleil. Sol fertile et bien drainé.
- **Remarques** Rabattre les plants semés de bonne heure pour favoriser une remontée de floraison. Les plus hautes plantes exigent un tuteurage.

Cosmos

Cosmos bipinnatus, Cosmos sulphureus
H 0,50-1,20 m E 45-60 cm

Belle plante au feuillage très fin portant de nombreuses fleurs comme celles du dahlia simple à partir de la fin de l'été. Excellente fleur coupée.

- **Couleur des fleurs** 'Sensation à fleur géante', blanc rose ; 'Klondyke', jaune.
- **Période des semis** Févr.-mars. 16 °C.
- **Exposition** Plein soleil. Sol léger et bien drainé, fertile, mais sans apport récent de fumier.
- **Remarques** Les cosmos préfèrent les étés chauds. Les sols trop riches font produire trop de feuillage. Couper les fleurs fanées. On peut semer les cosmos en pleine terre comme plantes annuelles rustiques, en avril-mai, dans les régions à climat doux.

Cynoglosse

Cynoglossum amabile
H 25-60 cm E 30 cm

Rameaux arqués de fleurs en entonnoir dans les tons de bleu en juillet-août.

- **Couleur des fleurs** Bleu.
- **Période des semis** Mars-avr.
- **Exposition** Soleil ou ombre légère. Sol assez riche et bien drainé.
- **Remarques** Donne de bonnes fleurs coupées si on les met immédiatement dans l'eau.

Godétia.

Graminées ornementales

H 25-60 cm

De plus en plus cultivées pour les bouquets frais ou secs. Parmi les meilleures : *Briza, Lagurus, Phalaris, Polypogon, Setaria* et *Tricholaena.*

- **Couleur des fleurs** Coloris variés, en mélange.
- **Période des semis** Mars-avr.
- **Exposition** Soleil. Sol ordinaire.
- **Remarques** Pour les conserver en vue de bouquets secs, couper les tiges avant que les graines soient mûres. La plupart des catalogues de grainetiers les proposent en mélanges.

Gypsophile

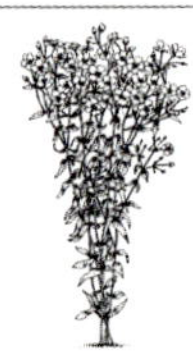

Gypsophila elegans
H 25-50 cm

Plante droite, élancée, portant une profusion de petites fleurs étoilées, donnant l'impression d'un nuage d'écume.

- **Couleur des fleurs** Blanc, rose ; 'Roi des Halles'.
- **Période des semis** Mars-avr. ou sept.
- **Exposition** Soleil. Toute bonne terre.
- **Remarques** Si le sol est acide, faire un apport de 60 à 120 g de chaux au mètre carré avant les semis. Placer quelques ramilles pour tuteurer les plants les plus hauts.

Eschscholzia

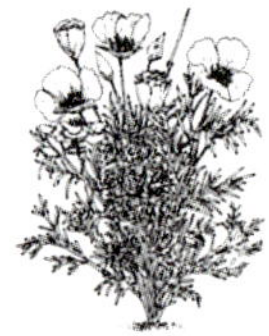

Eschscholzia californica
(Pavot de Californie)
H 12-30 cm E 15 cm

Une profusion de fleurs en coupe, vivement colorées, bien souvent dans les tons d'orange et de jaune. Prospère au soleil.

- **Couleur des fleurs** Jaune, orange, rouge, blanc crème ; simples ou doubles.
- **Période des semis** Mars-mai.
- **Exposition** Soleil. Sol pauvre et sableux.
- **Remarques** Pousse à peu près partout et se naturalise par semis issus d'une floraison continuelle en été. Prélever les fleurs coupées en boutons. Les semis naturels germeront en automne et au printemps.

Godétia

Hybrides de *Godetia amoena* et de *Godetia grandiflora*
H 25-60 cm E 15-30 cm

Plante très cultivée et voisine de *Clarkia.* Buissonnante, elle porte des fleurs simples ou doubles en entonnoir aux couleurs vives.

- **Couleur des fleurs** Nuances de rose, de rouge et de blanc. 'Double whitney à fleur d'azalée' ; 'Très Nain compact' ; 'Demi-Nain'.
- **Période des semis** Mar-avril directement en place, puis éclaircir à 25 cm, ou en septembre en pépinière pour repiquage au printemps.
- **Exposition** Soleil. Sol léger et frais.
- **Remarques** Jolie plante à massif qui donne de belles potées. Les semis de septembre exigent une protection en régions froides.

Immortelle à bractées

Helichrysurn bracteatum
H 45-90 cm E 25-50 cm

L'une des « immortelles » les plus cultivées, aux grosses fleurs colorées et aux bractées sèches. Les tiges droites se tiennent bien en vase.

- **Couleur des fleurs** Coloris variés, en mélange.
- **Période des semis** Mars-mai.
- **Exposition** Soleil. Sol bien drainé.
- **Remarques** Pour les faire sécher, couper les fleurs avant complet épanouissement et les suspendre la tête en bas dans un endroit sec et aéré. Cultiver en plante semi-rustique dans les régions plus froides après semis en mars-avril.

Julienne de Mahon

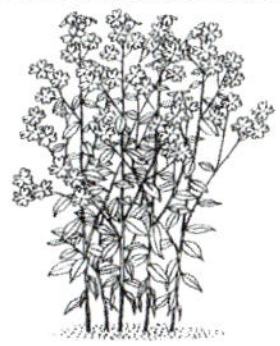

Malcomia maritima
H 20 cm E 10-15 cm

Fleur oubliée des jardins de campagne, portée par de longues tiges élancées. L'une des plantes annuelles les plus rustiques.

- **Couleur des fleurs** Coloris variés, en mélange.
- **Période des semis** Mars-juill. ou sept.
- **Exposition** Toutes expositions. Tout sol. Au soleil, les fleurs sont plus belles.
- **Remarques** Semer très légèrement et en plusieurs fois pour obtenir une succession de floraisons.

Lavatère

Lavatera trimestris
H 70-90 cm E 60 cm

Plante forte, buissonnante, aux fleurs en trompette. Excellent écran temporaire.

- **Couleur des fleurs** Rose ou blanc.
- **Période des semis** Mars-avr.
- **Exposition** Situation abritée, ensoleillée. Sol pas trop riche.
- **Remarques** Tuteurer, si possible avec des rames à pois bien ramifiées quand l'exposition est ventée. Bonne fleur coupée.

Lin

Linum grandiflorum
H 25-60 cm E 12-30 cm

L'une des plantes annuelles les plus prolifiques, plus belle si elle est en groupe. Floraison tout l'été en épis de fleurs en forme d'entonnoir.

- **Couleur des fleurs** Blanc, bleu, rouge.
- **Période des semis** Mars-avr.
- **Exposition** Plein soleil. Sol ordinaire
- **Remarques** Pour une floraison printanière en pots, semer en septembre 5 à 6 plants par pot de 12 cm de diamètre en terre riche. En octobre, placer en serre froide.

Immortelle à bractées (*Helichrysum bracteatum*).

Linaire

Linaria maroccana
H 25-50 cm E 15-50 cm

Plante buissonnante à port trapu, produisant avec abondance des épis de petites fleurs ressemblant aux gueules-de-loup.

- **Couleur des fleurs** En mélange.
- **Période des semis** Mars-avril en pépinière pour repiquage en mai ou bien semis directement en place en mai, elle fleurira entre juillet et septembre.
- **Exposition** Soleil. Sol ordinaire, bien drainé.
- **Remarques** Après la première floraison, rabattre les tiges à la cisaille pour provoquer une remontée automnale. Excellente en bordure.

Némophile

Nemophila menziesii
H 15 cm E 15-20 cm

Petite plante buissonnante, aux fleurs plates bleu vif, ressemblant par leur forme aux fleurs de bouton-d'or. Excellente en bordure.

- **Couleur des fleurs** Bleu ciel.
- **Période des semis** Mars-avr. ou sept.
- **Exposition** Soleil ou mi-ombre. Sol riche et frais.
- **Remarques** La némophile se ressème d'elle-même si on la laisse en place dans un coin du jardin.

Nigelle

Nigella damascena
(cheveux-de-Vénus)
H 25-50 cm E 25-30 cm

Plante buissonnante à feuillage très léger ; fleurs bleues, roses ou blanches. Bonne fleur à bouquets. Les fruits se sèchent pour les bouquets secs.

- **Couleur des fleurs** 'Miss Jekyll' (semi-double), bleu ou blanc.
- **Période des semis** Mars-avr. ou sept.
- **Exposition** Soleil. Sol ordinaire, bien drainé.
- **Remarques** Pousse en toute bonne terre de jardin. Couper les fleurs fanées, sauf en fin de floraison pour conserver les fruits secs.

Pied-d'alouette

Delphinium ajacis, Delphinium consolida
(delphinium annuel)
H 25-90 cm E 30-45 cm

Plante vigoureuse de croissance rapide, portant de hauts épis de fleurs simples ou doubles.

- **Couleur des fleurs** Bleu, rose, rouge, blanc.
- **Période des semis** Mars-avr. ou sept.
- **Exposition** Soleil. Bonne terre de jardin ordinaire et bien drainée.
- **Remarques** Pour obtenir les meilleurs résultats, semer les graines en septembre ; les pieds-d'alouette fleuriront au mois de juin suivant. Couper les fleurs fanées.

Nigelle de Damas (*Nigella damascena*).

Pavot

Papaver somniferum
H 40-90 cm E 30 cm

Plante florifère qui porte des fleurs en forme de coupe comportant 4 larges pétales superposés. Bonne fleur coupée.
- **Couleur des fleurs** Toutes les nuances de rouge et pastel ; simples ou doubles.
- **Période des semis** Mars-avr. ou sept.
- **Exposition** Soleil. Sol ordinaire.
- **Remarques** Le tuteurage n'est pas nécessaire ; la suppression des fleurs fanées évite les semis naturels envahissants.

Pois de senteur

Lathyrus
H 1-3 m E 30-50 cm

Fleur très prisée autrefois, maintenant un peu oubliée. Parfum suave, plante mellifère.
- **Couleur des fleurs** Rose, bleu, violet, blanc.
- **Période des semis** Octobre et mars-avril
- **Exposition** Soleil, situation dégagée, sol riche.
- **Remarques** Les graines ont une peau très dure ; il est donc préférable de les faire tremper dans l'eau une nuit avant d'effectuer les semis.

Réséda

Reseda odorata
H 30-40 cm E 15-20 cm

Fleur très prisée autrefois, maintenant un peu oubliée. Parfum suave, plante mellifère.
- **Couleur des fleurs** 'Machet', jaune teinté de rouge.
- **Période des semis** Mars-avr. ou sept.
- **Exposition** Soleil. Sol alcalin, riche.
- **Remarques** Bien tasser le sol avant de semer. Si le sol est acide, ajouter un peu de chaux. Planter en septembre ; les semis exigent la protection d'une cloche en hiver dans les zones les plus froides.

Scabieuse

Scabiosa atropurpurea
H 45-90 cm E 25 cm

Plante à floraison tardive ; bonnes fleurs coupées. On peut faire sécherles capitules floraux.
- **Couleur des fleurs** 'Grande double', 'Naine double', blanc, rose, bleu, pourpre, rouge.
- **Période des semis** Avr.-mai ou sept.
- **Exposition** Situation dégagée au soleil. Tout sol fertile.
- **Remarques** Supprimer régulièrement les fleurs fanées, sauf si on conserve les hampes pour faire des bouquets secs.

Pois de senteur *(Lathyrus)*.

Soleil

Helianthus annuus,
Helianthus debilis
(tournesol)
H 0,60-3 m E 30-75 cm

Un géant du jardin par la hauteur de la plante et par la grosseur des fleurs, qui sont d'énormes marguerites de la taille d'une assiette.

- **Couleur des fleurs** Le plus souvent jaune, parfois rose pâle, bronze ou marron.
- **Période des semis** Avril.
- **Exposition** Plein soleil. Sol bien drainé pour obtenir les meilleurs résultats.
- **Remarques** Semer 2 à 3 graines par trou ; conserver le plant le plus fort lors de l'éclaircissage. Les plus grands plants exigent un tuteurage.

Souci

Calendula officinalis
H 25-60 cm E 15-30 cm

Très cultivé à la campagne ; ses fleurs peuvent atteindre 10 cm de large. Les feuilles exhalent une odeur particulière. L'une des plantes les plus faciles à cultiver.

- **Couleur des fleurs** 'Lemon Queen', jaune ; 'Orange Queen', orange ; 'Race de Ball', jaune orangé.
- **Période des semis** Mars-avr. ou sept.
- **Exposition** Soleil ou ombre légère.
- **Remarques** Pincer l'extrémité de la plante pour la faire s'étoffer. Supprimer les fleurs fanées pour faciliter la remontée. Les soucis acceptent les sols pauvres et se ressèment facilement si on laisse quelques têtes de graines sur pied. Le souci peut être utilisé pour donner de la couleur à une plate-bande de vivaces, en bordures, en potées ou bien près du potager pour la fleur coupée.

Thlaspi

Iberis umbellata
H 25-50 cm E 15-30 cm

Petite plante basse, pour bordure, à développement rapide. Les fleurs évoquent la forme d'une croix et sont réunies en gros bouquets.

- **Couleur des fleurs** Variétés : *carminea*, rose ; en ombelle variée, blanc ; *purpurea*, violet foncé.
- **Période des semis** Mars-mai ou sept.
- **Exposition** Soleil. Sol pauvre.
- **Remarques** L'une des plantes les plus faciles à réussir. Convient bien en ville, où elle supporte l'atmosphère polluée. Supprimer régulièrement les fleurs fanées.

Viscaria

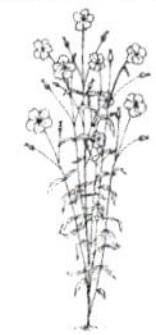

Silene coeli-rosa
H 40-50 cm E 15 cm

Plante annuelle très florifère à planter en grosses taches.

- **Couleur des fleurs** Pourpre, cramoisi, blanc, lavande, rose.
- **Période des semis** Mars-mai ou sept.
- **Exposition** Soleil ou mi-ombre. Sol ordinaire, bien drainé.
- **Remarques** Se sème généralement en place, mais peut être cultivée comme une plante annuelle semi-rustique pour massif.

Souci pluvial 'Tetra Polar Star' *(Dimorphotheca pluvialis)*.

Plantes annuelles semi-rustiques

Agératum

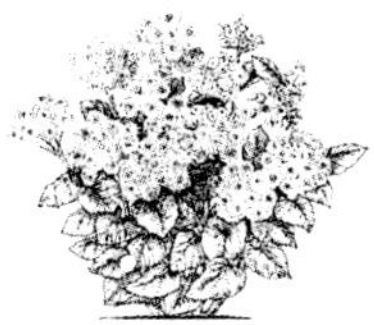

Ageratum houstonianum
H 7-25 cm E 15-25 cm

Surtout cultivé en plantes naines de bordure. Bouquets de fleurs surtout bleues en houpette. Se trouve aussi en blanc et rosé. Floraison de juin aux premières gelées.

- **Couleur des fleurs** 'Atlantic', bleu ; 'Blue Chip', plus foncé ; 'Mer du Nord', le plus sombre des bleus ; 'Neige d'été', blanc.
- **Période des semis** Mars-avr. 16 °C.
- **Exposition** Soleil, situation abritée. Plutôt en sol frais.
- **Remarques** Couper les fleurs fanées régulièrement. Fréquemment envahi par les araignées rouges.

Amarante

Amaranthus tricolor
H 45-90 cm E 30-50 cm

Plante cultivée pour ses inflorescences. Panache écarlate à cramoisi et nuancé de vert et de bronze.

- **Couleur des fleurs** Feuilles bronze et rouge ; fleurs rouges.
- **Période des semis** Mars. 15 °C.
- **Exposition** Soleil. Sol bien bêché, enrichi de fumier ou compost bien décomposé.
- **Remarques** Ne convient pas aux régions froides ou mal exposées. Craint le dérangement des racines lors de la transplantation.

Anagallis

Anagallis linifolia
H 15 cm E 30 cm

Petit buisson trapu couvert de fleurs bleu gentiane ou rouges de juin à septembre.

- **Couleur des fleurs** Bleu vif ; fleurs de mouron.
- **Période des semis** Mars-avr. 16 °C.
- **Exposition** Plein soleil. Sol drainé.
- **Remarques** À bonne exposition chaude, *Anagallis* se ressème seul.

Arctotis

Arctotis hybrida
H 45-60 cm E 30 cm

Grosses fleurs en forme de marguerite aux couleurs vives, portées sur de longues tiges, de juillet à l'automne. Convient en fleur coupée. Les fleurs se ferment l'après-midi et par temps sombre.

- **Couleur des fleurs** Blanc, crème, rose saumon, jaune orangé.
- **Période des semis** Mars. 18 °C.
- **Exposition** Dégagée, ensoleillée. Sol normal.
- **Remarques** Pincer le cœur du plant lorsqu'il atteint 12 cm de haut pour le forcer à se développer en largeur. Tuteurer avec des brindilles. Dans le Midi, on peut semer en pleine terre en avril.

Bégonia

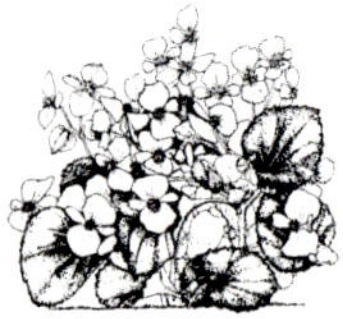

Begonia semperflorens
H 15-45 cm E 15-35 cm

Ce bégonia à racines fibreuses produit en abondance de petites fleurs de juin à l'automne. Les fleurs sont complètement différentes de celles des variétés tubéreuses de serre à très grosses fleurs.

- **Couleur des fleurs** Dans les tons de rose et rouge, de blanc, et à feuillage vert vif cuivré ou pourpre.
- **Période des semis** Janv.-février en terrine, en serre ou en mini-serre à 16° C. Repiquage après 10 ans. On peut aussi acheter directement de jeunes plants prêts à fleurir pour les mettre dans les massifs.
- **Exposition** Soleil ou mi-ombre. Sol riche et frais.
- **Remarques** Rempoter quelques touffes du jardin en automne ; elles continueront à fleurir devant une fenêtre ensoleillée l'hiver.

Célosie

Celosia argentea 'Plumosa' et *Celosia argentea* 'Cristata'
H 25-90 cm E 25-30 cm

Plante à massif spectaculaire par ses inflorescences d'été érigées en plumets ou en crêtes. Les grandes variétés fournissent des fleurs coupées qu'on peut faire sécher.

- **Couleur des fleurs** Jaune, rose, rouge, blanc.
- **Période des semis** Mars-avr. 18 °C.
- **Exposition** Situation ensoleillée, mais abritée. Sol riche.
- **Remarques** Bien endurcir les plants avant la mise en place, qui a lieu lorsque tout risque de gelée est écarté.

Cinéraire maritime

Senecio maritima
H 25-30 cm E 25 cm

Petit arbuste presque rustique cultivé en plante annuelle pour son feuillage argenté.

- **Couleur des fleurs** Jaune, mais ce sont les feuilles qui sont appréciées.
- **Période des semis** Fév.-mars. 16 °C.
- **Exposition** Soleil. Tout sol ordinaire.
- **Remarques** Soutenir par des ramilles dans les régions ventées ou au bord de mer.

Dahlia

Dahlia x variabilis
H 30-50 cm E 30-60 cm

Les dahlias annuels ou à massifs sont plus petits que ceux à tubercules pour grande plate-bande. Les fleurs sont simples, semi-doubles ou doubles. Elles ont de 5 à 7 cm de large et apparaissent de juillet à la fin de l'automne.

- **Couleur des fleurs** Jaune, rose, rouge, lilas, blanc, et en mélange.
- **Période des semis** Févr.-mars. 16 °C.
- **Exposition** Ensoleillée et dégagée. Sol moyen à lourd ; enrichir les sols pauvres avec du fumier ou du compost quelques semaines avant plantation.
- **Remarques** Éviter un trop fort apport d'engrais, qui profiterait au feuillage au détriment des fleurs. Arroser par temps sec. Il n'y a pas besoin de tuteurage ni d'éboutonnage, mais la suppression des fleurs fanées est nécessaire.

Gaillarde plume

Gaillardia puichella
H 30-60 cm E 25-50 cm

Fleurs de marguerite à longues tiges, aussi bonnes pour le massif que pour la fleur coupée. Floraison de juin à l'automne.

- **Couleur des fleurs** 'Double à grande fleur' ; 'Peinte variée' ; rouge, orange, brique et feu.
- **Période des semis** Févr. mars. 15 °C.
- **Exposition** Soleil ou ombre légère.
- **Remarques** Les plus grandes variétés demandent parfois un soutien. Supprimer les fleurs fanées pour favoriser la remontée. On peut semer dehors certaines variétés en avril dans les régions douces.

Géranium

Pelargonium zonale
H 30-60 cm

- **Couleur des fleurs** Mauve, rouge, rose ou blanc (mai-oct. et hiver).
- **Période des semis** Bouturage de pousses (fin printemps ou été).
- **Exposition** Soleil.
- **Remarques** Pincer pour faire ramifier la plante. Arrosages modérés et apports d'engrais occasionnels, pendant la croissance ; maintenir plutôt sec en hiver.

Géranium lierre

Pelargonium peltatum
H 90 cm

- **Couleur des fleurs** Blanc, rose, cramoisie ou mauve (mai-oct.).
- **Période des semis** Bouturage de pousses de juin à août.
- **Exposition** Soleil.
- **Remarques** Moins d'eau l'été, pour favoriser les marges roses des feuilles des variétés panachées.

Giroflée

Matthiola incana et hybrides
H 30-60 cm E 15-30 cm

Plante très cultivée aux longs épis fortement parfumés. La taille varie des formes naines (30 cm) aux plantes géantes, qui produisent des tiges très fleuries. Les graines les plus coûteuses donnent des plantes uniquement à fleurs doubles.

- **Couleur des fleurs** Rose, lavande, blanc, mauve, écarlate.
- **Période des semis** Févr.-mars. 13 °C.
- **Exposition** Plein soleil ou ombre légère. Sol ordinaire plutôt légèrement calcaire.
- **Remarques** Si le sol est pauvre, faire un apport de fumier ou de compost bien décomposé. Ne sélectionner que les plants les plus forts lors du repiquage. Tuteurer les plantes hautes, surtout dans les régions ventées. Se sème en extérieur en avril-mai dans les régions à climat doux.

Gaillarde plume (*Gaillardia pulchella*).

Héliotrope

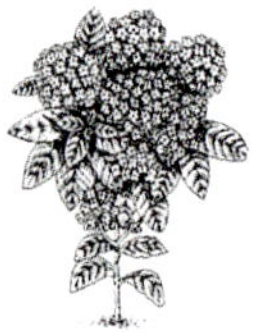

Heliotropium x hybridum
H 25-50 cm E 30-40 cm

Belle plante parfumée aux bouquets serrés de fleurs petites et suaves de juin à l'automne. En fait, un arbuste subtropical qui se cultive comme une plante annuelle semi-rustique.

- **Couleur des fleurs** 'Régale", nain, violet ; 'Marine" bleu foncé.
- **Période des semis** Févr.-mars. 16 °C.
- **Exposition** Plein soleil. Tout bon terrain bien drainé.
- **Remarques** Plante utile en massif à mettre en place en mai, mais elle onvient mal dans les zones froides. Mieux vaut la cultiver alors en serre froide, légèrement ombragée, avec beaucoup d'air et d'eau.

Impatiens

Impatiens balsamina, Impatiens sultanii et hybrides
H 15-35 cm E 15-35 cm

Plante très cultivée, en pots aussi bien qu'en plante annuelle semi-rustique pour l'ombre. Abondante floraison de juin à l'automne. Fleurs éperonnées, en coupe ou plates.

- **Couleur des fleurs** Large choix en rouge, rose, orange, pourpre, parfois striés de blanc.
- **Période des semis** Mars-avr. 16 °C.
- **Exposition** Soleil ou mi-ombre, ou ombre.
- **Remarques** Les nouveaux hybrides sont particulièrement recommandés. Les endurcir doucement pour éviter les dégâts sur les plants.

Ipomée

Ipomoea purpurea, Ipomoea tricolor (volubilis)
H 15 cm (naines) à 3 m E 30 cm

L'une des plus belles plantes grimpantes, aux corolles délicatement colorées, en forme de trompette ; elles s'ouvrent le matin et se ferment l'après-midi, de juillet à septembre.

- **Couleur des fleurs** 'Impériale japonaise' ; 'Pearly Gates' blanc ; 'Rubro caerulea', bleu ; 'Scarlet O Hara', rouge.
- **Période des semis** Mars-avr. 18 °C.
- **Exposition** Exposition abritée et ensoleillée. Sol léger et riche.
- **Remarques** Éviter les endroits froids et secs. Tremper les graines une nuit dans l'eau ou les limer avant semis. Semer en plein air comme une plante annuelle rustique, en avril-mai, dans les régions à climat doux. Croissance très rapide. Plante idéale pour couvrir très rapidement un treillage, un grillage ou une tonnelle.

Kochia

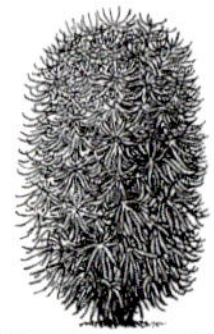

Kochia scoparia trichophylla
H 60-90 cm E 30-60 cm

Plante à port buissonnant qui fait penser à un gros plumeau. Son feuillage fin vire du vert pâle au rouge rouille en automne.

- **Couleur des fleurs** Fleurs insignifiantes.
- **Période des semis** Mars-avr. 16 °C.
- **Exposition** Situation dégagée. Sol plutôt léger.
- **Remarques** Pour former une petite haie basse temporaire en attendant la croissance des arbustes vivaces. Très décoratif également en sujets isolés en pots. Dans les régions à climat doux, on peut semer directement en place en avril.

Héliotrope du Pérou (*Heliotropium peruvianum*).

Mimule 'Magic Pastel Mix' (*Mimulus x*).

Lobélie

Lobelia erinus
H 10-15 cm E 15-30 cm

Plante de bordure basse.
Les variétés rampantes se cultivent en suspension.
Floraison de mai à novembre.

- **Couleur des fleurs** 'Crystal Palace', bleu foncé ; 'Empereur Guillaume', bleu pur ; 'Pendula Saphir', bleu foncé à œil blanc ; 'White Lady', blanc.
- **Période des semis** Févr.-mars 16 °C.
- **Exposition** Soleil ou mi-ombre. Sol riche et frais.
- **Remarques** Repiquer en prélevant 3 ou 4 plantules.

Matricaire

Matricaria eximia, syn. Chrysanthemum parthenium
H 25 cm E 25 cm

Petite plante à massif portant une multitude de fleurs minuscules en forme de dôme et ressemblant à un chrysanthème miniature, de juillet à septembre.

- **Couleur des fleurs** Jaune, blanc.
- **Période des semis** Mars-avr. 13 °C.
- **Exposition** Soleil. Sol léger et bien drainé.
- **Remarques** Si le sol est trop riche, les plantes perdront leur aspect trapu.

Mésembryanthème

Mesembryanthemum criniflorum (ficoïde)
H 10 cm E 30 cm

Plante rampante ou basse, étalée, aux feuilles succulentes, vert pâle brillant. Fleurs semblables à celles des marguerites, s'ouvrant par temps ensoleillé tout l'été.

- **Couleur des fleurs** Jaune, rose, rouge, blanc, en mélange.
- **Période des semis** Mars-avr. 15 °C.
- **Exposition** Plein soleil. Sol léger, sableux.
- **Remarques** Convient aux bordures basses, talus, rocailles, dallages ou murets fleuris, où il forme des coussinets plats.

Mimule

Mimulus cupreus, Mimulus luteus
H 25 cm E 25 cm

Plante pour exposition ombragée en sol très frais, au bord de l'eau. Fleurs mouchetées comme un muflier ouvert, de juin à septembre.

- **Couleur des fleurs** Jaune, rouge, en mélange.
- **Période des semis** Mars-avr. 13 °C.
- **Exposition** Ombre. Sol frais et humide.
- **Remarques** Pousse en sol ordinaire. Généralement pas de parasites ni de maladies.

Muflier (*Antirrhinum majus*).

Molucelle

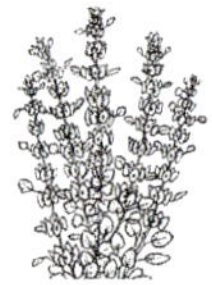

Molucelle laevis
(clochette d'Irlande)
H 60-90 cm E 25 cm

Plante de massif aux épis de fleurs blanches entourées d'un calice vert pâle. Floraison en fin d'été.

- **Couleur des fleurs** Blanc ; fleurs petites et plutôt insignifiantes.
- **Période des semis** Mars-avr. 15 °C.
- **Exposition** Situation dégagée, ensoleillée. Sol riche.
- **Remarques** Bonne fleur coupée, qui se sèche pour les bouquets d'hiver. Se sème comme une plante annuelle rustique en mars-avril dans les régions à climat doux.

Muflier

Antirrhinum majus et hybrides
(gueule-de-loup)
H 0,15-1,20 m E 25-60 cm

Plantes communes dans les jardins de campagne, produisant de longs épis de fleurs à partir de juillet.

- **Couleur des fleurs** Nombreuses variétés, en coloris simples ou en mélanges.
- **Période des semis** Févr.-mars. 16 °C.
- **Exposition** Soleil. Tout sol bien cultivé.
- **Remarques** Pincer la tige principale pour donner une forme buissonnante à la plante.

Némésie

Nemesia strumosa
et hybrides
H 25-50 cm E 10-15 cm

Plante à floraison rapide, à port trapu, fleurs s'ouvrant souvent sur une gorge mouchetée ou montrant des barbes. Floraison en été.

- **Couleur des fleurs** 'Carnaval à grande fleur', tous coloris.
- **Période des semis** Févr.-avr. 15 °C.
- **Exposition** Soleil. Sol légèrement acide.
- **Remarques** Pincer pour former une touffe trapue. Arroser par temps sec et chaud.

Œillet de Chine

Dianthus chinensis et hybrides
(œillet annuel)
H 15-40 cm E 15-40 cm

Belle plante parfumée pour massif, voisine des œillets des fleuristes et des œillets vivaces. Floraison de juillet à l'automne.

- **Couleur des fleurs** Tous coloris, sauf bleu.
- **Période des semis** Janv. mars. 15 °C.
- **Exposition** Soleil. Sol pas trop acide.
- **Remarques** Les œillets supportent un sol alcalin, les embruns et la pollution.

Œillet des fleuristes

Dianthus caryophyllus
H 30-60 cm E 30 cm

Plante vivace qui se cultive en plante annuelle. Floraison dans la même année que le semis. Fleurs doubles, parfumées en août. Convient aux massifs et aux potées.

- **Couleur des fleurs** Rose, rouge, jaune, pourpre, blanc.
- **Période des semis** Janv.-févr. 15 °C.
- **Exposition** Soleil. Sol bien drainé et enrichi par du fumier ou du compost bien décomposé.
- **Remarques** Tuteurer les variétés hautes. Les touffes retirées du sol en automne continueront à fleurir en pots devant une fenêtre ensoleillée.

Œillet d'Inde

Tagetes patula, Tagetes erecta (rose d'Inde)
H 12-70 cm E 15-50 cm

Parmi les plantes annuelles les plus cultivées. Fleurs petites, bicolores, de juin à l'automne. Les roses d'Inde sont plus grosses ; les fleurs font penser à des œillets de 15 cm de large. Floraison de juillet à l'automne.

- **Couleur des fleurs** Jaune, orange, acajou et mélange.
- **Période des semis** Févr.-mars, 18 °C.
- **Exposition** Soleil, situation dégagée. Sol riche et bien drainé.
- **Remarques** La suppression des fleurs fanées prolonge la floraison.

Périlla

Perilla frutescens
H 45-60 cm E 30 cm

Plante à feuillage appréciée pour sa coloration rouge pourpré. Ses feuilles dentées contrastent bien avec les fleurs d'été. Épis de minuscules fleurs blanches apparaissant en juillet et en août.

- **Couleur des fleurs** Blanc (sans intérêt).
- **Période des semis** Févr.-mars. 18 °C.
- **Exposition** Situation dégagée et ensoleillée. Tout sol bien préparé.
- **Remarques** Pincer l'extrémité des jeunes pousses dès que les plants atteignent 10 cm de haut.

Pétunia

Petunia x hybrida
H 15-30 cm E 30 cm

Fleur tellement répandue et améliorée que le choix de ses variétés est extrêmement vaste. Belles fleurs en entonnoir à profusion de juin à l'automne.

- **Couleur des fleurs** Coloris variés : blanc, rose, rouge, violet. (Il n'existe ni jaune ni bleu pur.)
- **Période des semis** Janv.-mars. 15 °C.
- **Exposition** Situation ensoleillée et abritée. Préférer sol pas trop riche.
- **Remarques** Floraison de longue durée. Convient à la garniture des jardinières, bacs et suspensions aussi bien qu'aux massifs. Le vent et la pluie abîmant les fleurs, choisir des variétés résistantes pour les lieux ventés. Supprimer régulièrement les fleurs fanées.

Pétunia (*Petunia x hybrida*).

Phlox

Phlox drummondii
H 15-40 cm E 25 cm

Bonne plante à longue floraison aux grosses têtes fleuries de juin à septembre. Convient en jardinières et en fleur coupée, car elle dure longtemps dans l'eau.

- **Couleur des fleurs** 'À grande fleur', 'Beauty', 'Étoile nain Twinkle', blanc, rose, rouge, jaune, violet.
- **Période des semis** Mars-avr. 15 °C.
- **Exposition** Situation ensoleillée. Sol fertile et bien drainé.
- **Remarques** Supprimer les fleurs fanées. En sol pauvre, faire un apport d'engrais liquide. Traiter contre les parasites (thrips). Se sème en plein air en avril-mai dans les régions à climat doux.

Pourpier

Portulaca grandiflora
H 15 cm E 20 cm

Plante succulente aux tiges rouges semi-prostrées. Fleurs en coupe, aux couleurs très vives, s'ouvrant au soleil ; de juin à septembre.

- **Couleur des fleurs** Jaune, or, rouge, saumon, blanc.
- **Période des semis** Févr.-mars. 18 °C.
- **Exposition** Plein soleil. Sol bien drainé.
- **Remarques** Bonne plante couvre-sol pour emplacement chaud et sec. N'arroser que si signes de flétrissement des feuilles.

Reine-marguerite

Callistephus chinensis
H 25-75 cm E 30-40 cm

Plantes annuelles les plus cultivées pour leur floraison de fin d'été, automne avec des fleurs comme celles du chrysanthème. Variétés de hauteurs très diverses. Les fleurs sont surtout doubles.

- **Couleur des fleurs** Blanc, rose, rouge, violet, ni bleu pur ni jaune.
- **Période des semis** Mars-avr. 16 °C.
- **Exposition** Situation ensoleillée et dégagée. Toute bonne terre bien drainée.
- **Remarques** Supprimer les fleurs fanées pour le développement des tiges latérales. Tuteurer les variétés les plus hautes, à grandes fleurs. Se sème en plein air comme une plante annuelle rustique en avril-mai en régions à climat doux.

Ricin

Ricinus communis
H 0,60-1,20 m E 60 cm

Plante originaire d'Afrique tropicale. Énormes feuilles de 30 cm de large, ressemblant à des feuilles de platane. Donne une belle ligne verticale à un massif.

- **Couleur des fleurs** Fleurs insignifiantes. Fruits rouges et épineux, curieux.
- **Période des semis** Mars. 21 °C.
- **Exposition** Soleil et situation abritée. Sol fertile et bien drainé.
- **Remarques** Tuteurer dans les lieux ventés pour éviter que les tiges ne se cassent. Se sème en pleine terre en avril-mai dans le Midi.

Reine Marguerite 'Gloire de Genève' (*Callistephus chinensis*).

Rudbeckia

Rudbeckia bicolor,
Rudbeckia hirta
H 25-90 cm E 30-60 cm

Plante annuelle très cultivée pour ses fleurs de fin d'été, telles de grandes marguerites jaunes ou bronze à cœur noir.

- **Couleur des fleurs** Jaune, bronze, orange, acajou ; simples ou doubles.
- **Période des semis** Févr.-mars. 15 °C.
- **Exposition** Situation dégagée et ensoleillée. Sol bien drainé.
- **Remarques** Pour une floraison plus précoce et plus grosse, on peut semer en automne et repiquer au printemps. Protéger des limaces et des escargots en disposant des appâts autour des plants. Tuteurer les grandes variétés.

Salpiglossis

Salpiglossis sinuata
H 45-75 cm E 30 cm

Belles fleurs en entonnoir vivement colorées pour massifs et potées entre juillet et septembre. Texture veloutée et contact collant au toucher. Bonnes fleurs coupées.

- **Couleur des fleurs** Mélange de coloris : blanc, jaune, rouge, brun, violet, pourpre, avec stries et marbrures.
- **Période des semis** Févr.-mars en godets à 18 °C ou avril-mai directement en pleine terre.
- **Exposition** Ensoleillée et dégagée. Sol assez riche.
- **Remarques** Pincer les jeunes tiges pour favoriser un développement trapu. Tuteurer avec des ramilles. Couper les fleurs fanées pour favoriser la remontée de grosses fleurs. En sol pauvre, préférer les hybrides F1, qui donnent de meilleurs résultats.

Sauge

Salvia horminum,
Salvia splendens
H 25-50 cm E 25-50 cm

S. splendens est très commun dans les jardins de ville pour sa floraison rouge vif de juin à l'automne, en épis serrés. *S. horminum* est apprécié pour ses bractées colorées en violet.

- **Couleur des fleurs** Rouge, rose, pourpre, saumon et en mélange.
- **Période des semis** Janv.-mars 18 °C.
- **Exposition** Situation ensoleillée. Sol ordinaire bien drainé.
- **Remarques** Pincer les tiges lorsqu'elles ont 5-7 cm de haut pour faire buissonner les plants. Les fleurs peuvent se couper et se faire sécher pour la décoration d'hiver.

Schizanthus

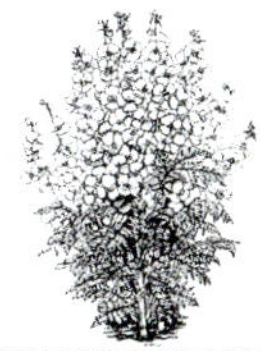

Schizanthus pinnatus,
Schizanthus x wisetonensis
H 30-90 cm E 30 cm

Cultivé surtout en pot et en serre froide, peut servir de décor demassif par sa floraison abondante de juin à l'automne. Feuillage pâle et faisant penser à la fougère.

- **Couleur des fleurs** Rose, rouge, pourpre, blanc et en mélange.
- **Période des semis** Mars-avr. 16 °C.
- **Exposition** Situation ensoleillée abritée. Sol léger enrichi de fumier ou de compost bien décomposé.
- **Remarques** Pincer les pousses principales lorsqu'elles ont 6-8 cm de haut, puis les pousses latérales à la même taille. Tuteurer avec des ramilles pour les variétés hautes. Peut être semé à l'extérieur en avril-mai en régions à climat doux.

Rudbeckia pourpre (*Echinacea purpurea*).

Statice

Limonium sinuatum
H 45-60 cm E 30 cm

Plante très cultivée pour la fleur coupée en bouquet sec. Minuscules fleurs en entonnoir groupées en bouquets terminaux, de juillet à septembre.

- **Couleur des fleurs** Saumon, orange, jaune, rose, rouge et bleu, en mélange.
- **Période des semis** Févr.-mars. 13 °C.
- **Exposition** Situation dégagée, ensoleillée. Sol ordinaire.
- **Remarques** Pour le séchage, couper les tiges juste avant épanouissement complet. Attacher en bouquets et les suspendre, la tête en bas, dans un local aéré.

Tabac

Nicotiana affinis, Nicotiana x sanderae
(Tabac d'ornement)
H 30-90 cm E 25-30 cm

Petites fleurs voisines des pétunias, très parfumées en fin de journée. Très florifère de juin à septembre.

- **Couleur des fleurs** Blanc, crème, jaune, rouge, vert tilleul.
- **Période des semis** Févr.-avr. 18 °C.
- **Exposition** Exposition chaude et ensoleillée. Sol riche et bien drainé.
- **Remarques** à placer sur une fenêtre pour profiter du parfum. Supprimer les fleurs fanées prolonge la floraison. Tuteurer les variétés hautes dans les zones ventées.

Tagetes

Tagetes tenuifolia
H 12-25 cm E 12-25 cm

Plante naine buissonnante, couverte de petites fleurs semblables aux marguerites, de juillet à eptembre. Très bonne en bordure, voisine des œillets d'Inde et des roses d'Inde.

- **Couleur des fleurs** Jaune, orange et rouge.
- **Période des semis** Mars-avr. 18 °C.
- **Exposition** Situation ensoleillée et dégagée. Toute bonne terre de jardin, même un peu pauvre, ou sèche.
- **Remarques** Supprimer les fleurs fanées pour prolonger la période de floraison. Pas de tuteurage.

Verveine

Verbena x hybrida
H 15-30 cm E 30 cm

Petites fleurs rappelant les primevères, parfumées, réunies en bouquets denses à l'extrémité des tiges, de juin à l'automne. Pour bordures, jardinières, suspensions.

- **Couleur des fleurs** Violet, rose, rouge.
- **Période des semis** Févr.-mars 18 °C.
- **Exposition** Situation dégagée, ensoleillée. Tout sol enrichi de fumier ou de compost bien décomposé.
- **Remarques** Pincer les tiges principales pour favoriser un développement touffu. Pour un bon couvre-sol, assujettir les pousses dans le sol. Supprimer les fleurs fanées.

Zinnia

Zinnia elegans
H 25-75 cm E 15-30 cm

Fleurs ressemblant à celles des marguerites simples ou doubles, portées par des tiges dressées et hautes, de juillet à septembre. Bonne tenue en vase.

- **Couleur des fleurs** 'À fleur de chrysanthème', 'À fleur de dahlia', 'À fleur de scabieuse', 'Ruffles', 'Géant de Californie', 'Peter Pan', 'Lilliput', blanc, jaune, crème, orange, rose, rouge ou violet.
- **Période des semis** Mars-avr. 16-18 °C.
- **Exposition** Situation ensoleillée abritée. Sol riche.
- **Remarques** Les fleurs peuvent être abîmées par la pluie. Pincer les tiges et supprimer les fleurs fanées. Changer l'emplacement des massifs pour ne pas cultiver 2 années consécutives à la même place.

Zinnia 'Magellan Ivory' (*Zinnia elegans*).

Plantes bisannuelles

Campanule	Digitale
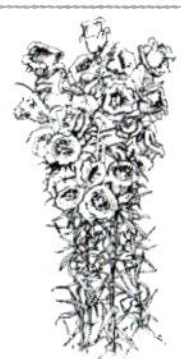	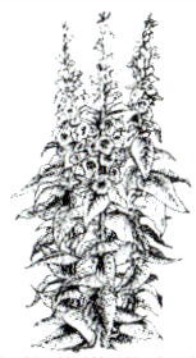
Campanula medium H 40-90 cm E 30 cm Belle plante vigoureuse aux feuilles duveteuses et brillantes et aux fleurs en clochettes. Fleurit de mai à juillet. • **Couleur des fleurs** Bleu, rose, blanc, mauve et en mélange. • **Période des semis** Avr.-juin. • **Exposition** Soleil ou mi-ombre. Bonne terre de jardin. • **Remarques** Supprimer les fleurs fanées et tuteurer les variétés hautes dans les régions ventées.	*Digitalis purpurea* H 0,90-1,80 m E 30-45 cm Très commune en sous-bois ; grandes grappes élancées de fleurs tubulaires en juin-juillet. • **Couleur des fleurs** Rose, rouge, jaune, blanc, crème. • **Période des semis** Mai-juin. • **Exposition** Ombre légère à dense. C'est à l'état sauvage la plante des sous-bois ombragés. Elle aime les sols acides et redoute le calcaire. • **Remarques** Une fine couche de tourbe humide facilite la levée des graines.

Énothère	Giroflée

Oenothera biennis, Oenothera lamarckiana H 45-60 cm E 30 cm Plante naine portant une masse de fleurs jaunes en épis, de vie courte mais sans cesse renouvelées tout l'été. Délicat parfum. • **Couleur des fleurs** Jaune • **Période des semis** Juin-juill. • **Exposition** Soleil, situation dégagée. Sol ordinaire bien drainé. • **Remarques** Arroser abondamment par temps sec. Pourriture des racines en sol lourd ou trop humide.	*Matthiola incana* H 30-60 cm E 15-30 cm Belle plante produisant des fleurs parfumées de mars à mai sur plants ramifiés très vigoureux. Variétés simples ou doubles. • **Couleur des fleurs** Écarlate, rose, lavande, mauve, blanc. • **Période des semis** Juin-juill., sous châssis froid ou en serre. • **Exposition** Soleil. Sol fertile alcalin. • **Remarques** Exige une exposition chaude et abritée ; ailleurs, cultiver sous châssis froid en hiver et planter au printemps. Tuteurer les variétés hautes dans les lieux ventés. Supprimer les fleurs fanées.

Digitale (*Digitalis purpurea*).

Giroflée jaune

Cheiranthus cheiri
(ravenelle)
H 20-60 cm E 20-30 cm

Belle floraison en épis dressés, très fournie d'avril à juin.

- **Couleur des fleurs** Rouge, orange, jaune, brun, pourpre.
- **Période des semis** Mai-juin.
- **Exposition** Soleil. Toute terre bien drainée.
- **Remarques** Apporter 100 g (2 poignées) de carbonate de chaux au mètre carré sur sols acides. Pincer l'extrémité des tiges lorsqu'elles atteignent 10-15 cm de haut pour favoriser le port trapu.

Monnaie-du-pape

Lunaria annua
(lunaire)
H 60 cm E 30 cm

Petites fleurs pourpres parfumées, très décoratives en taches ; plante cultivée surtout pour ses siliques sèches argentées.

- **Couleur des fleurs** Pourpre pâle ou foncé, blanc.
- **Période des semis** Mai-juin.
- **Exposition** Mi-ombre. Sol léger.
- **Remarques** Pour conserver les fruits afin de confectionner des bouquets secs, couper les tiges en août. Ne pas supprimer les fleurs fanées.

Myosotis

Myosotis alpestris, *Myosotis sylvatica*
H 12-25 cm E 10-25 cm

Plante aimant la fraîcheur ; généreuse.

- **Couleur des fleurs** Blanc, rose et dégradés de bleu.
- **Période des semis** Mai-juill.
- **Exposition** Mi-ombre. Sol bien drainé mais frais, bien additionné de tourbe ou de compost.
- **Remarques** Très bonne plante, qui pousse presque partout où le sol ne s'assèche pas. En sol mal drainé, la touffe peut mourir l'hiver par excès d'humidité.

Œillet de poète

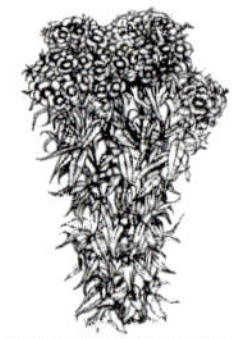

Dianthus barbatus
H 30-60 cm E 20-25 cm

Très cultivé à la campagne pour ses bouquets serrés de fleurs plates, simples ou doubles, en juin-juillet. Cousin des œillets. Se cultive parfois en plante annuelle semi-rustique avec floraison à la même époque. Planter en taches, dans les bordures herbacées.

- **Couleur des fleurs** Rose, saumon, rouge, blanc ; doubles ou simples. Certains types portent un œil de couleur contrastée vers le cœur.
- **Période des semis** Mai-juin.
- **Exposition** Soleil. Toute bonne terre de jardin bien drainée, plutôt alcaline.
- **Remarques** Pas de tuteurage. Supprimer les fleurs fanées.

Giroflée (*Cheiranthus cheri*).

Myosotis.

Pâquerette

Bellis perennis
H 10-12 cm E 6-12 cm

Forme améliorée, géante ou double, de la pâquerette des prés ; pour bordure et jardinières. Floraison au printemps et en été.

- **Couleur des fleurs** Rose, blanc, en mélange.
- **Période des semis** Mai-juin.
- **Exposition** Soleil ou mi-ombre. Sol fertile.
- **Remarques** Retirer les fleurs fanées régulièrement.

Pensée

Viola x wittrockiana
H 15-25 cm E 25-30 cm

L'une des plantes les plus répandues dans les jardins ; fournit une profusion de fleurs de coloris simples ou en mélange. Ce sont des plantes vivaces à vie courte, qui peuvent prospérer 2 à 3 ans.

- **Couleur des fleurs** Très nombreuses variétés, dans un grand nombre de coloris.
- **Période des semis** Avr.
- **Exposition** Soleil ou mi-ombre. Terre de jardin riche.
- **Remarques** Couper les fleurs fanées et traiter contre les pucerons. Pour une floraison plus hâtive, traiter les pensées en plantes annuelles semi-rustiques ou en plantes bisannuelles.

Primevère des jardins

Primula x hortensis
H 30 cm E 25 cm

Grosses fleurs de 3 cm en bouquets portés par des tiges bien raides dégagées du feuillage.

- **Couleur des fleurs** Nombreux coloris en mélange ou simples.
- **Période des semis** Avr.-mai, sous châssis froid ou en serre.
- **Exposition** Soleil ou mi-ombre, sol fertile restant humide ; ajouter de la tourbe, du compost ou du fumier décomposé aux sols sableux.
- **Remarques** Bien arroser la terre des caissettes de semis à l'ombre. Arroser souvent par temps sec. Étendre une couche de tourbe pour conserver l'humidité du sol.

Rose trémière

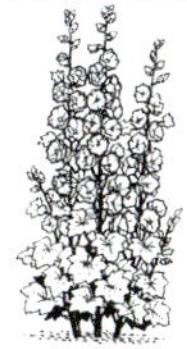

Althaea rosea
H 1-2 m E 30-40 cm

Plante vivace courante à la campagne, cultivée en plante bisannuelle. Donne de la hauteur aux massifs, cache une clôture, forme un fond à une bordure herbacée. Floraison de juillet à septembre.

- **Couleur des fleurs** Blanc, crème, jaune, rose, rouge.
- **Période des semis** Mai-juin.
- **Exposition** Soleil, emplacement abrité. Sol riche et lourd.
- **Remarques** Certaines variétés exigent un tuteurage dans les régions ventées. Arroser abondamment par temps sec. Supprimer les fleurs fanées pour éviter les semis naturels.

Pâquerette vivace (*Bellis perennis*).

Soins et entretien

Suppression d'une fleur.

Protection des semis

Les semences peuvent être attaquées par des larves comme celle du taupin. Appelées « ver fil de fer », elles dévorent les graines et leurs jeunes racines. Pour lutter contre ces larves, on peut appliquer un insecticide du sol ou, de façon plus écologique, enterrer de fines rondelles de pomme de terre près des semis. Les larves viendront de préférence sur les rondelles, il suffira tous les 2 jours de les récupérer et de les détruire.

Beaucoup d'oiseaux aiment les graines. La meilleure protection consiste à planter quelques tuteurs bas tout autour de la planche ensemencée et à tendre un filet de plastique vert qui recouvre tout le massif. Ce filet servira aussi si l'on craint les chats et les chiens.

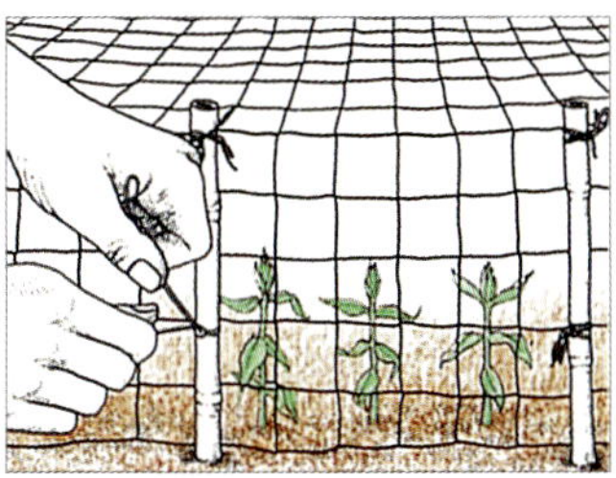

TUTEURAGE

Certaines plantes annuelles dépassent 60 cm de haut à l'âge adulte et exigent un soutien. Après le dernier éclaircissage, planter des rames à pois, tous les 30 cm, autour de la touffe de jeunes plantes. En ajouter 2 ou 3 au centre pour aider au bon maintien de l'ensemble.
La hauteur des rames devrait être des deux tiers de la hauteur finale des plantes ; en plein été, ces supports seront complètement cachés. On peut également utiliser des tuteurs de plastique du commerce.

SUPPRESSION DES FLEURS FANÉES

Si les fleurs fanées restent en place, la plante utilise sa vigueur pour produire des graines. La suppression des fleurs fanées favorise une nouvelle remontée de fleurs et augmente la vigueur des plantes.

Si l'on désire garder des graines pour l'année suivante, conserver par pied une ou deux belles fleurs qu'on laissera sécher. Cueillir les graines arrivées à maturité. Ne pas récolter les graines sur des hybrides F1 ; les résultats seraient décevants.

A Détacher les fleurs fanées par un léger mouvement de torsion entre le pouce et l'index.

Les graines récoltées devront être conservées à l'abri de la lumière et de l'humidité. Avant de pouvoir être ressemées, certaines espèces, notamment les plantes bisannuelles, devront subir une période de froid, sans quoi elles ne germeront pas. Ce phénomène s'appelle « vernalisation ». Pour cela il suffit de placer les graines dans le bas du réfrigérateur pendant environ 1 semaine avant de les mettre en terre.

Capucine élégante (*Tropaeolum speciosum*).

Ravageurs et maladies

LA FONTE DES SEMIS

Cette maladie qui attaque le collet apparaît lorsque les plantations sont trop denses. Retirer les semis attaqués ou morts. Protéger les autres avec un traitement à base de captane, de thirame ou de zinèbe. La fois suivante, espacer davantage les graines.

PUCERONS

• **Symptômes.** Colonies de petits insectes au corps globuleux, de couleur noire, verte, rose, brune, jaune ou grisâtre; la plupart sont sans ailes mais il peut y avoir quelques individus ailés. Les feuilles sont poisseuses et couvertes d'une poussière noire. Il s'agit du miellat sucré excrété par les pucerons et sur lequel se développe un champignon noir : la fumagine.

• **Époque d'apparition.** Printemps et début de l'été en plein air – parfois jusqu'en automne –, mais durant toute l'année en serre ou en appartement.

• **Prévention.** Maintenir les plantes en bonne santé est la meilleure façon de les aider à supporter quelques pucerons. Protégez les prédateurs comme les coccinelles et les syrphes.

• **Traitement.** Avant de traiter, laissez le temps aux prédateurs d'intervenir, il y a toujours un décalage entre le développement de la colonie de nuisibles et celui du prédateur. En cas de forte infestation, pulvériser un insecticide anti-pucerons.

L'UTILISATION DE LA CAPUCINE COMME PIÈGE À PUCERONS

Gaie et colorée, la capucine est précieuse au potager, où sa présence facilite également la surveillance des populations de pucerons, pour prévoir un traitement insecticide biologique (à base de savon noir, de purin d'ortie ou de feuilles de fougère à réaliser éventuellement soi-même) ou décider du meilleur moment pour introduire des prédateurs, comme des larves de coccinelles ou de chrysopes.

Il est préférable de semer les capucines en godets et de les mettre en place dès que les gelées ne sont plus à craindre, pour qu'elles piègent à coup sûr les premières colonies de pucerons. Les installer aux extrémités ou entre les rangs de légumes sujets aux attaques, comme haricots, fèves ou laitues. Les capucines sont des plantes qui se ressèment naturellement et ont même tendance à devenir envahissante. Il faut donc bien contrôler leur nombre pour qu'elles n'attirent pas trop d'insectes. Arracher et remplacer les capucines très atteintes par les pucerons.

Coccinelle à sept points dévorant des pucerons.

Punaise à damier.

PUNAISES

Elles piquent les fleurs en boutons, qui ne se développent pas.

- **Symptômes.** Fleurs déformées ou boutons ne se développant pas.
- **Époque d'apparition**. De juin à octobre à l'extérieur, mais toute l'année en serre.
- **Traitement**. Ramasser les insectes visibles.

Pleine lune.

Les plantes annuelles et bisannuelles et la Lune

LES PLANTES ANNUELLES

Les plantes annuelles ou les espèces vivaces cultivées comme annuelles, les pélargoniums, par exemple, sont peu soumises à l'influence de la Lune ; seul le moment du semis est important. Les plantes annuelles se sèment en lune ascendante et croissante ; les meilleurs résultats observés sont ceux où les semis ont été effectués quelques jours avant la pleine lune. Le passage de la Lune dans les constellations d'air, notamment la Balance et le Verseau, sont très propices à la floraison des annuelles. Autrefois, on ne jetait pas les pélargoniums ou « géraniums » en fin de saison comme cela se fait souvent aujourd'hui. D'année en année, on les conservait à l'abri du gel dans les caves ou les granges. Avant les premières gelées, les géraniums étaient taillés à la lune décroissante et rentrés 2 jours avant la nouvelle lune. L'époque n'était pas encore celle de la consommation à outrance et des jardineries emplies de barquettes de plants de pélargoniums à des prix défiant toute concurrence ; les gens n'achetaient pas leurs géraniums, ils les reproduisaient par bouture et se les échangeaient entre voisins. Ces boutures se faisaient toujours en lune croissante en plein été. Les géraniums qui avaint passé l'hiver à l'abri étaient ressortis après les saints de glace et la lune rousse, une nuit de pleine lune pour que sa lumière donne un coup de fouet à ces plantes étiolées par de longs mois dans l'obscurité. La Lune influe sur l'arrosage. En lune décroissante la terre respire, c'est le bon moment pour arroser.

Phlox annuel (*Phlox drummondii*).

LES PLANTES BISANNUELLES

La végétation des plantes bisannuelles se fait sur 2 années. La première année, les plantes développent feuilles et, surtout, racines ; c'est pour cette raison qu'il est essentiel de les semer en lune descendante et décroissante. Si on les sème en lune croissante, il arrive, surtout quand l'hiver est doux, que ces plantes fleurissent, mais cette floraison est faible et entraîne le plus souvent la mort prématurée du pied. Quelques espèces rangées parmi les plantes bisannuelles mettent plus de 2 ans pour accomplir leur cycle végétal : ce sont en fait des plantes vivaces fugaces ; leur semis en fonction de la Lune est alors difficile à maîtriser. Suivant les régions, l'exposition, la qualité du sol, la rigueur des hivers, ces plantes vont réagir différemment à l'influence lunaire. Les lupins font partie de ces plantes capricieuses.

LA LUNE ET LES PARFUMS

La Lune influe sur les parfums de plusieurs façons. Les espèces les plus sensibles sont celles qui émettent des fragrances grâce à la sève qui parcourt leurs tiges et leur tronc. Il a été prouvé que les plantes à floraison nocturne étaient plus parfumées les soirs de pleine lune, car la lumière les rend plus visibles à leurs insectes pollinisateurs.

Fleur de satin (*Godetia amoena*).

Index

Crédits

Toutes les photographies de cet ouvrage proviennent de l'agence Horizon Features (Neveu P. / Guerrier A. / Perdereau P. / Viard M. / Tourmente / Petzold A. / Descamps K. / Petit J.-P. / Lamontagne / Soulier J.-P.),
à l'exception de :

Fotolia : p. 9 (© Gala_K), 13 (© Alexander Potapov), 16 (© Catolla), 29 (© Vilor), 30 (© Toanet), 36 (© Richard Griffin), 57 (© Kasia Bialasiewicz).

© Sélection du Reader's Digest : tous les schémas et illustrations, à l'exception de la p. 33 hd (© nenilkime/Fotolia).